LA LOGIQUE

DE

L'ÉVÊQUE D'ORLÉANS

Logica — Caligo.

PARIS

E. DENTU, ÉDITEUR

LIBRAIRE DE LA SOCIÉTÉ DES GENS DE LETTRES

PALAIS-ROYAL, 17-19, GALERIE D'ORLÉANS

—

1865

I.

Depuis que la guerre est engagée sur le terrain de l'Encyclique, il était aisé de prévoir, de la part de l'épiscopat, une
résistance sérieuse ; mais d'où partirait le signal de cette résistance? On entendait bien çà et là des plaintes isolées; on
entrevoyait bien des victimes levant au ciel leurs bras sup-
pliants, et traduisant en style apocalyptique, dans une corres-
pondance ministérielle, l'amertume de leur cœur. Les com-
battants se faisaient attendre : enfin l'heure a sonné, M. Dupanloup descend majestueusement dans l'arène, comme les
lutteurs antiques, et son premier coup est un coup de massue.
La bataille est livrée. Est-ce une victoire ou une défaite? Voilà
ce qu'il importe de constater.

Remercions d'abord l'éminent prélat d'avoir si prompte-
ment levé un doute qui pesait non-seulement à toutes les con-

sciences catholiques, mais à l'équité, à la loyauté du parti libéral. A entendre les récriminations des évêques contre la circulaire ministérielle, à considérer la tiédeur des journaux cléricaux abandonnant bien vite une défense maladroite des principes attaqués, à voir un évêque, tout coupable qu'il fût, cité devant le conseil d'État, et le clergé français tout entier criant au martyre, quelque hésitation était naturelle ; on pouvait se demander si, en effet, par un étrange renversement des procédés habituels de notre législation sur la presse, le parti libéral avait seul en cette question le droit de tout dire, si la défense était interdite là où l'attaque était libre, si enfin il était juste et honorable d'accabler des victimes dont la persécution fermait la bouche.

Grâce à Mgr d'Orléans, pareille crainte ne saurait plus être la nôtre ; sa brochure, tout en rappelant cette thèse, lui inflige le plus éclatant démenti ; on sent, quand il nous peint l'Eglise persécutée, bâillonnée, le pape menacé jusque dans sa *personne*, qu'il parle de ces persécutions comme certains rois parlent encore du *droit divin*, plutôt par habitude que par conviction. Cela est si vrai que, jetant de côté ces vieilles formes de langage comme un manteau incommode, il passe bientôt de l'élégie au dithyrambe, et répond aux attaques de ses adversaires par un hymne de triomphe : alors, Monseigneur, de quoi vous plaignez-vous? l'athlète vainqueur a-t-il bonne grâce à crier qu'il succombe ? La vraie force n'a pas de ces finesses de comédie.

Plaisant martyre en effet que le vôtre, et qui eût étrangement surpris ces premiers chrétiens des catacombes, qui ne savaient pas comme vous jouer sur les mots ! Si l'ère des persécutions est rouverte, où sont, comme vous dites, les signes des temps ? où sont les bourreaux et les instruments de supplice, les chevalets et les coins rougis au feu ?

Rétablissons les faits, ne vous déplaise : quels sont les martyrs, si martyrs il y a, des évêques protégés par l'Etat, siégeant
au Sénat et à l'Académie, proclamant du haut de la tribune,
à la face du pays, les doctrines d'un autre âge, ou des pen-
seurs, humiliés, proscrits, repoussés comme Taine et Littré de
l'Institut où vous êtes, chassés comme Renan des chaires où
vous montez, condamnés comme Proudhon et Vacherot à la
prison qui ne s'ouvrira pas pour vous, et tout cela pourquoi?
pour n'avoir pas pensé comme vous pensez !

Oh ! vous êtes humbles, nous le savons ; ce qu'il vous faut,
ce n'est pas l'éclat, mais la réalité de la puissance ; vous vous
faites petits comme Mazarin, pour endormir les défiances et
passer inaperçus à travers les brèches que vous ouvrez dans
l'ombre. Vous êtes d'habiles tacticiens, Messeigneurs, mais la
tactique est vieille, et nous la connaissons.

C'est un beau rôle à prendre que le rôle de persécuté,
l'Église en sait quelque chose. Il y a dans l'âme humaine une
certaine générosité naturelle, qui nous pousse involontaire-
ment à embrasser la cause du faible contre le fort ; et la pitié
qui entraîne les convictions flottantes, paralyse souvent jusqu'aux croyances les mieux assises. Donc, en vous disant ainsi
persécutés, vous attirez à vous les esprits indécis, les cœurs
sensibles, et vous désarmez du même coup les ennemis qui rai-
sonnent. C'est au nom de la liberté qu'on vous attaque, et
vous répondez, les bras croisés, la voix pleine de sanglots, que
vous n'êtes pas libres. Cela est adroit, mais cela est faux, et je
vais le prouver.

— « On nous condamne sans nous entendre, dites-vous, on
nous frappe sans délier nos mains, on soufflette notre Père
sans qu'il nous soit permis de courir à sa défense ! »

Halte-là, je vous prie : ces figures sont belles, mais par-
lons sans figures. Nous ne soufiletons personne, et s'il y a des

violences échangées dans la lutte, il nous serait aisé de prouver que nous n'en avons pas pris l'initiative. Nous ne voulons ni vous insulter, ni vous frapper : nous ne voulons qu'une chose, c'est partager avec vous ce droit que vous vous arrogez de penser pour nous ; c'est, ce me semble, chose assez naturelle que nous puissions discuter ce qui nous regarde.

Mais vous ne discutez pas, me direz-vous ; qui veut discussion veut contradiction, et nous ne pouvons vous contredire : — « Je me débats dans ces chaînes, blessé comme évêque, comme fils, comme citoyen, comme homme d'honneur, et je demande avec anxiété aux lois de mon pays si elles ne me laissent pas une ressource, un moyen, un seul, de dire et de crier ce que j'ai dans l'âme et sur les lèvres ! »

Examinons donc si votre situation est aussi désespérée que vous le dites, et s'il ne vous reste d'autre arme que la résignation.

En cherchant bien, vous découvrez pourtant une arme, *une seule :* c'est beaucoup, penseront quelques-uns, quand on sait la tenir comme vous le faites. Donc la voie de la brochure vous est ouverte, et Dieu sait avec quelle *furia* vous vous y précipitez ! Sous prétexte de brochure, vous laissez tomber au milieu de l'attente générale un document compact qui est tout à la fois un réquisitoire, une apologie et une apothéose, le tout en 160 pages d'un format portatif et qu'on s'arrache chez Douniol, au prix modeste de 1 franc 25 centimes. Ce n'est pas là un mandement, je l'avoue, et si j'étais de vous, je ne m'en plaindrais guère. Un mandement ne s'adresse pas à tout le monde : il parle en général à un public bien préparé, bien pensant, converti à l'avance, à peu près comme un discours académique s'adresse à des esprits parfaitement pénétrés de la vérité des éloges qu'il contient. Un mandement a des allures paisibles, un certain ton de grandeur sereine et majestueuse, qui convient mal à la polémique : il est renfermé par sa nature dans des limites étroites qu'il ne saurait franchir sans s'exposer au blâme du Sacré-Collége ou du conseil d'État. La brochure, au contraire, oh ! la brochure est bien autre chose ; ici plus de gêne, plus de barrières : la mansuétude de l'évêque y cède sans inconvénient le pas à la fougue du polémiste ; la politique y coudoie la religion, l'éloquence y roule à flots, vive, écumante, déchaînée comme un torrent qui déborde ; l'ironie y tombe dru comme grêle sur le premier adversaire qui se découvre et prête le flanc. Puis, avantage immense, la brochure éveille l'attention générale, tout le monde la lit, et bon gré mal gré la vérité se répand.

Quoi ! vous avez la brochure, et vous vous plaignez ! votre éloquence hautaine et hardie peut s'y donner librement carrière, et vous vous dites enchaîné ! — Si la presse libérale, dont vous admirez les débordements, pouvait reproduire dans ses feuilles, que vous prétendez libres, le plus pâle reflet du langage que vous tenez à l'Empereur et à son gouvernement, si elle pouvait disséquer avec votre scalpel les traités signés par la France, personne ne s'aviserait aujourd'hui de trouver incomplet le décret du 24 novembre.

Mais êtes-vous bien réduits à cette ressource unique, si puissante qu'elle soit, de la brochure ? L'épiscopat est-il vraiment condamné au rôle de muet ? n'a-t-il en France qu'une seule voie ouverte à sa plume, aucune à sa parole ?

Vous supportez impatiemment que la presse vous attaque : sommes-nous donc les seuls à avoir des journaux ? Vous avez les vôtres, répondez-nous ; ou sinon, si notre feu fait taire vos batteries, ne vous en prenez qu'à vous-mêmes. Votre colère perce sous vos dédains : — « Vous n'êtes pas encore habitué, « dites-vous, à voir une Encyclique du pape interprétée par « un concile de journalistes. »

Si vous n'aviez pour eux que du mépris, peu vous importeraient leurs gloses, leurs interprétations, leurs erreurs : il faut le reconnaître, ces mêmes hommes, que vous traitez d'ignorants, à qui vous reprochez de ne pas savoir le latin, que vous renvoyez poliment sur les bancs de la sixième, et que vous tancez si vertement d'avoir osé mettre le nez dans vos livres, ces hommes-là vous effraient : voilà le secret de vos dédains. Ces hommes-là ont osé porter sur l'arche sainte une main téméraire, ils ont violé le sanctuaire de la théologie, ce sanctuaire mystérieux que vous fermez si soigneusement aux profanes, que vous hérissez de subtilités, que vous enveloppez, comme d'un voile, d'un langage ténébreux et barbare : ils ont osé discuter les oracles et chercher le sens caché sous les énigmes scolastiques de la sibylle du Vatican. Voilà le secret de vos colères !

Ouvrez l'histoire de Rome : les flamines de Jupiter avaient fait du droit ce que vous avez fait de la théologie : condensant la science en formules mystérieuses, dont le secret ne pouvait être révélé au vulgaire, ils monopolisaient la justice, et tenaient le peuple dans leur dépendance ; un jour les formules furent volées, et la raison reprit ses droits. Si les journalistes n'ont pas encore déchiffré vos formules, leur curiosité inquiète en a du moins pénétré le sens, et le jour n'est pas éloigné où la lumière se fera !

Vous avez beau protester contre l'émancipation de l'esprit moderne : les rois aussi ont protesté contre le réveil des peuples : malgré vous et malgré eux, ces deux grands principes sont devenus la base d'une ère nouvelle : ils triompheront des derniers obstacles que vous accumulez sous leurs pas, car ils ne sont autre chose que la revendication d'un droit imprescriptible, le droit qu'a l'homme, intelligence créée libre, de penser et de vivre librement.

La raison n'est plus, comme au moyen âge, une aveugle in-
capable de se conduire et qui a besoin pour marcher que la foi
lui donne la main. L'alliance est rompue : aujourd'hui la raison
ouvre les yeux et marche seule, heureuse quand elle retrouve
sur son chemin son ancien guide, assez clairvoyante pour ne
plus le suivre sans examen. Depuis que sa cataracte est tombée,
elle a renouvelé, perfectionné, créé les sciences ; elle a trans-
formé notre droit politique ; qu'on ne s'étonne pas qu'elle
ose porter jusque sur la religion le flambeau de l'ana-
lyse, et que la presse, expression de cet esprit nouveau,
discute hardiment des matières autrefois réservées aux théo-
logiens.

C'est donc en vain que vous refuseriez aux journalistes le
droit d'étudier un acte aussi important que l'Encyclique d'un
Pape. Mais vous prononcez à leur sujet le mot de concile, et
ici je vous arrête. Un concile tient son droit de la religion,
décide avec une autorité souveraine que lui reconnaît la foi,
n'est responsable qu'à Dieu. Les journalistes, vous le savez
bien, n'ont reçu leur mandat que de leur conscience, n'ont
d'autorité que celle qui résulte de la vérité, autorité relative
qu'une erreur peut détruire, sont responsables devant le
public qui les lit et qui les juge. Où voyez-vous un parallèle ?
à ce prétendu concile qui vous empêche d'en opposer un véritable, un concile d'évêques assemblé dans les colonnes du
Monde ou de la *Gazette de France* : où serait l'inégalité des
armes ?

Où est l'inégalité ? je vais vous le dire. Vous faites grand
étalage de votre faiblesse et de la puissance de vos adversaires,
vous exagérez la force et la liberté de la presse, vous nous
montrez en face de vous « *le ministre qui commande à tous
« les tribunaux et à la gendarmèrie.* » Puis vous mettez en
regard un « vieillard » débile, entouré « d'ennemis qui l'as-

siègent, » — « un pape désarmé ! » — Pardon ! vous oubliez quelque chose, oh ! peu de chose, comme vous allez voir, et ce n'est vraiment pas la peine d'en parler.

Si l'on vous disait qu'à côté de l'Etat, et dans son sein, il existe une armée indépendante, régulièrement organisée, soumise à une discipline parfaite, prête à se lever au moindre signal ; que cette armée, répandue sur tous les points du territoire, occupe à la fois villes et campagnes, sans qu'aucun de ses corps soit jamais isolé des autres et privé de communication avec eux ; que cette armée, commandée par un état-major où toute la hiérarchie des grades est rigoureusement observée, a un officier dans les moindres bourgades, et compte ses soldats par millions, quand l'État compte les siens par milliers ; si l'on vous disait que cette armée a des écoles préparatoires et des écoles supérieures, des corps spéciaux et des places fortes, des conseils de guerre et une discipline à elle ; qu'elle maintient un état de siége permanent, qu'elle obéit enfin uniquement et aveuglément à un vieillard débile et désarmé, qu'elle croit infaillible ; si l'on ajoutait que, sur presque tous les points du globe, il existe d'autres armées identiques à celle-ci, organisées sur le même plan, aussi aveuglément subordonnées au même chef :

Ne trouveriez-vous pas ce débile vieillard bien formidable en son désarmement ?

Et si quelqu'un vous criait alors : — Ce vieillard que vous voyez est entouré d'ennemis, ses soldats sont menacés des tribunaux et de la gendarmerie, — ne ririez-vous pas de la gendarmerie et des tribunaux ?

Or cette armée n'est pas une fiction, ses soldats sont des millions de catholiques ; elle a ses maréchaux qu'on appelle cardinaux, ses généraux de division qu'on appelle archevêques, ses généraux de brigade, les évêques, et ainsi de suite

jusqu'aux lieutenants qu'on nomme des vicaires, et aux capo-
raux, sacristains ou bedeaux de paroisse.

Ses corps spéciaux, ce sont les congrégations, carmes, do-
minicains, jésuites et tant d'autres.

Ses places fortes sont les couvents.

Ses écoles préparatoires, les maisons d'instruction religieuse.

Ses écoles spéciales, les séminaires.

Son conseil de guerre, le tribunal de l'Index.

Son chef unique et infaillible s'appelle le Pape. — Il est
désarmé...

Eh! sans doute, il est désarmé contre les périls physiques :
l'armée dont je vous parle n'existe, je veux le croire, que dans
l'ordre spirituel ; mais qui songe à vous attaquer sur un autre
terrain? qui en veut aux jours du Pape ou aux vôtres? Le li-
béralisme n'a pas d'inquisition et ne veut pas de dragonnades:
il ne fait la guerre qu'aux idées, et là votre puissance est bien
réelle. Ferme-t-on la bouche aux évêques, ils ont tout un clergé
qui parlera pour eux ; leur interdit-on la chaire, ils ont, à part
la polémique et la presse religieuse, les écoles, la famille, les
confessionnaux. Si tout cela n'est point assez, le Sénat leur est
ouvert pour faire devant le pays une déclaration de leurs principes et un exposé de leurs griefs.

A toutes ces ressources , à l'action directe exercée sur les
masses par la hiérarchie sacerdotale, à l'autorité d'un minis-
tère considéré comme divin, opposez l'effort d'un journalisme
fractionné en mille opinions, et dites maintenant, Monseigneur,
de quel côté est la faiblesse.

J'oublie, il est vrai, les tribunaux et la gendarmerie. Les
tribunaux civils, vous le savez bien, ne peuvent affaiblir votre
autorité ; une condamnation la grandirait peut-être de tout le
prestige de la vertu persécutée. Quant aux gendarmes, ils

n'arrêtent, que je sache, ni les sénateurs, ni les académiciens, encore moins les évêques ; la Restauration leur a trop enseigné le respect qui vous est dû ; ils n'ont pas oublié les beaux jours où ils menaient en prison le bonhomme Fouquet, coupable de n'avoir pas salué son curé.

Après avoir ainsi constaté ce qu'il faut penser de la prétendue faiblesse de l'Église, on se sent plus à l'aise pour répondre à ses défenseurs. Frapper un ennemi à terre eût été lâche ; résister à un adversaire debout, menaçant, hautain, cachant sous une modestie empruntée l'assurance du triomphe, c'est plus qu'un acte légitime, c'est un devoir.

Nous allons voir quelle tactique emploie contre nous l'apologiste de l'Encyclique ; il n'y a pas à se méprendre sur ses intentions, et, pour parler son langage, si nous fermions les yeux, nous serions *dupes ;* si nous nous taisions, nous serions *complices.*

Nous ne voulons être ni l'un ni l'autre.

II.

Il n'est question si nettement posée qui ne prête aux malentendus ; M. Dupanloup l'a bien montré.

En voyant un évêque prendre la plume à propos d'une Encyclique du Pape commentée par le journalisme, les esprits simples se disaient naïvement : Voilà une controverse qui s'engage sur la doctrine. — En quoi ils se trompaient, comme il arrive aux gens superficiels qui ne savent pas aller au fond des choses. Un évêque ne raisonne point comme tout le monde. A quoi serviraient les études théologiques, si elles n'habituaient l'esprit à saisir du premier coup d'œil ces rapports intimes qui échappent au vulgaire ? Où d'autres verraient une discussion religieuse, un évêque voit de la politique ; les ignorants seuls s'en étonneront.

J'accepte le débat où vous le placez. J'entends répondre,

puisque vous m'en fournissez l'occasion, aux attaques dont vous accablez ce pauvre Piémont, qui n'y songeait guère ; mais, avant de vous suivre sur ce terrain, j'aborderai, s'il vous plaît, la question principale, que vous rejetez un peu trop dans l'ombre. Si graves que soient vos griefs temporels, l'Encyclique nous préoccupe davantage ; il est temps de dissiper l'obscurité qui plane sur elle, car nous aimons la lumière, comme Bélise aime la poésie, *avec entêtement*. Quelle est donc la vraie doctrine de l'Encyclique, et lesquels, de ses adversaires ou de ses apologistes, ont pour eux la vérité et la raison ?

Je ne ferai qu'une remarque générale sur l'ensemble du système défensif adopté par M. Dupanloup. La défense est bien moins son fait que l'attaque : son allure y devient plus lourde, son argumentation plus flottante, son éloquence plus voisine de la déclamation ; son ironie même ressemble à du dépit ; on sent que le théologien n'en vient qu'à regret aux explications, et l'orateur aux preuves.

Ces preuves, il cherche à s'en dispenser en déconsidérant assez ses adversaires pour rendre superflue toute discussion sérieuse : le procédé qu'il emploie est curieux. C'est un véritable *Syllabus* qu'il dresse contre les journalistes, un résumé complet des contre-sens, contre-bon-sens, solécismes et autres *énormités* par eux commises. Certes, je ne m'en plains pas, étant personnellement fort désintéressé dans la question, et prêt à reconnaître, si l'on veut, que tout homme coupable d'un solécisme est un homme pendable. Mais, en bonne logique, l'argument est-il aussi écrasant que M. Dupanloup l'insinue ?

Dans leur traduction de l'Encyclique, les journalistes ont commis des bévues plus ou moins nombreuses, plus ou moins graves. Qu'en conclure ? Tout au plus que certains mots, certaines phrases de l'Encyclique ont été dénaturées, et que, sur ces points spécialement, les attaques portent à faux.

Mais en conclure d'une manière générale, comme le fait M. Dupanloup :

« Que l'Encyclique n'a pas été interprétée, mais dénaturée;

Que : « là ou l'Encyclique disait oui, on a déclaré qu'elle disait non, *et vice versa.* »

Que : « le mois qui vient de s'écouler pourrait vraiment s'appeler dans l'histoire le mois des dupes, »

N'est-ce pas raisonner comme ce voyageur concluant, à la vue d'une servante d'auberge, que toutes les femmes du pays sont rousses?

Je vais plus loin : Une proposition incriminée a été mal traduite, elle ne dit pas ce qu'on lui a fait dire : s'ensuit-il nécessairement que le sens authentique ne peut plus être incriminé? C'est une nouvelle preuve à faire.

Autre chose encore : Ces contre-sens qui font tant de bruit, et dont je ne veux même pas contester la gravité, qui les a faits? De l'aveu de M. Dupanloup, deux journaux seulement : le *Siècle* et le *Journal des Débats*, c'est-à-dire une très-minime fraction de la presse libérale. Qu'avez-vous prouvé contre les autres?

En vérité, ce n'était pas la peine, pour prouver si peu, d'entasser tant de fautes de grammaire !

M. Dupanloup sent si bien le vice de son argument, qu'un instant après avoir posé ce principe : « L'Encyclique n'a pas été interprétée, mais dénaturée, » il y renonce de lui-même, et passe à une nomenclature complète des règles d'interprétation violées par la presse.

Examinons avec lui quelques unes de ces règles. « La con-« damnation d'une proposition, dit M. Dupanloup, n'implique « pas nécessairement l'affirmation de sa *contraire*, mais seu-« lement de sa contradictoire. »

On pourrait répondre avec quelque raison qu'une pareille

doctrine est fort élastique, en ce qu'elle permet, suivant les besoins de la cause, d'affirmer qu'on a entendu proscrire soit la contradictoire, soit la contraire.

Que l'Église, condamnant une erreur, n'y saurait apporter trop de prudence, qu'en écartant toute ambiguité, en parlant sans énigmes, elle ne dérogerait nullement à sa dignité et rendrait un plus grand service aux hommes qui n'ont pas toujours un évêque auprès d'eux pour trancher les difficultés.

On me dira sans doute que l'Église est seule juge de ses actes, et qu'elle parle pour ceux qui ont des oreilles ; tant pis : je croyais, moi, que l'Église, comme le soleil, devait luire pour tous, et qu'on ne saurait proclamer trop haut et trop clairement une vérité.

Mais comme nous n'avons nullement la prétention d'être infaillibles, ainsi qu'on l'affirme un peu légèrement, j'avoue en toute humilité qu'il se peut faire que j'aie tort.

J'admets donc vos contradictoires, et me borne à choisir des exemples.

La proposition LV, « l'Église doit être séparée de l'État, et l'État de l'Église, » est condamnée ; la contradictoire ne peut être que celle-ci : l'Église *ne doit pas toujours* être séparée de l'État.

De même la proposition XIV : « On doit s'occuper de philosophie sans tenir aucun compte de la révélation surnaturelle,» a forcément pour contradictoire que la philosophie *doit au moins en certains cas* tenir compte de la révélation.

Je m'arrête à ces deux propositions, c'est assez pour montrer que la contradictoire ne vous réconcilie pas avec l'esprit moderne, qui ne saurait transiger sur ces principes.

Votre seconde règle d'interprétation, c'est qu'il faut observer si une proposition est universelle ou absolue, car elle peut n'être frappée qu'à cause de son universalité même : et vous citez un exemple.

« Il faut proclamer et observer le principe de non-intervention (Prop. 62). »

Ici encore vous croyez qu'une atténuation, une distinction
va nous mettre d'accord. Il est commode assurément d'étendre
les principes sur le lit de Procuste et de les ajuster au besoin
du moment ; vous oubliez une chose, c'est que les principes
ne se dilatent pas : il faut les prendre ou les laisser.

Mais la non-intervention est simplement une *conduite*,
tour à tour bonne ou mauvaise? — Pour vous, qui la mesurez
à l'utile, peut-être ; pour nous, qui la déduisons d'un droit,
jamais.

« Le Pape, dites-vous, veut qu'on ne fasse pas de la non-
« intervention un axiôme de droit international : c'est tout
« simplement du bon sens. »

Pardonnez-moi : c'est tout simplement l'effet d'une confusion d'idées, où de nos jours un théologien seul peut tomber.

Vous demandez ce que nous avons fait en Crimée, en Italie,
au Mexique même? Nous avons fait des guerres d'équilibre.

Toute nation souveraine jouit vis à vis des autres d'un droit
d'indépendance qui est la garantie de sa souveraineté : elle a
par contre le devoir de respecter l'indépendance des autres ;
et ce devoir s'appelle en politique la non-intervention.

Le droit d'indépendance se complète par le droit de conservation : si l'acte extérieur d'une nation voisine vous menace,
vous avez le droit de vous défendre par la guerre, et ce sera
une guerre d'équilibre, car l'équilibre des forces sociales a été
rompu par l'agression. Mais il faut qu'il y ait eu un acte extérieur, intéressant directement votre conservation. Hors de
là, vous empiéteriez sur la liberté d'autrui, vous *interviendriez*.

Nous ne voulons pas l'intervention, parce que nous respec-
tons la liberté.

En résumé, la non-intervention, *ce barbare laisser-faire*,

comme vous l'appelez, c'est, à nos yeux, une des plus glo-
rieuses conquêtes du droit international. Voyez si nous sommes
près de nous entendre, et si le degré d'universalité de votre
proposition a quelque importance en cette affaire !

Sur ce point vous êtes tombé par erreur dans une confusion
d'idées : on pourrait vous montrer qu'en d'autres matières
vous y tombez sciemment.

Quand vous demandez par exemple à *tous les hommes de
bonne foi* : « Y a-t-il des erreurs dans le monde, ces erreurs
sont-elles des périls oui ou non ? » quand vous partez de là pour
dire : — « Quoi ! vous vous étonnez, vous trouvez étrange que
le chef de l'Église catholique ose se plaindre et défende sa foi
et la nôtre... »

Vous savez fort bien, Monseigneur, que nous nous étonnons,
que nous nous plaignons de toute autre chose. Que le Pape
condamne des erreurs, c'est son droit : personne ne trouvera
étrange qu'un gouvernement rende un décret, qu'un tribunal
porte un jugement, qu'un pape lance une encyclique. Ce dont
nous avons le droit de nous plaindre, c'est que le Pape voie
des erreurs où la société moderne a reconnu des principes.

Ah ! l'admirable chose que la théologie ! comme elle nous
retourne les mots et sait trouver à nos moindres pensées mille
petits sens perfides qu'on n'y avait point mis ! Êtes-vous sur
la défensive, elle a cent parades pour une qui vous tireront
d'affaire, nuances, équivoques, distinctions de toute nature :
ceci est trop absolu, ceci est trop particulier, ce qui est admis-
sible en hypothèse peut être faux en thèse, etc., etc.

« Cela est beau, » eût dit M. Jourdain. — Cela est trop
beau, dit le penseur, qui n'augure rien de bien de toutes ces
finesses.

Mais nous sommes des ingrats : ces subtilités sont pour
nous autant de protections. Eh ! mon Dieu, tous les empiéte-

ments de l'absolutisme ont aussi pour but de protéger l'ordre social : — vous nous protégez trop, Monseigneur; montrez-nous clairement le péril, et laissez-nous le soin de nous défendre.

La proposition relative à la liberté de la presse amène enfin M. Dupanloup sur un terrain plus solide : l'universalité trop vague de cette proposition lui donne beau jeu. Sans doute c'est aller bien loin que de dénier à toute autorité, même civile, le droit de restreindre en quoi que ce soit la liberté de parler et d'imprimer. Nous ne répondrons pas en citant l'Angleterre, où la législation pénale en cette matière étant inappliquée par suite de sa sévérité outrée, la liberté la plus illimitée existe en fait, sinon en théorie. Nous admettons volontiers qu'il y a un danger dans la proposition signalée : mais la condamnation de l'Eglise ne va-t-elle pas au-delà de ce danger? ne justifie-t-elle pas ainsi les attaques des libéraux?

Voilà ce qu'on ne peut déduire de l'Encyclique, et ce que M. Dupanloup se garde bien d'expliquer. Pour préciser le sens de la condamnation papale, c'est à M. Dupanloup lui-même que je m'adresse.

Au milieu d'une charge à fond contre le journalisme, il laisse tomber cette déclaration :

« Je n'ai nulle intention de jeter le dédain sur la presse, « nul plus que moi ne professe une sympathie sincère pour « tant de généreux écrivains qui, malgré toutes les entraves « et tous les périls, se dévouent courageusement, dans la *presse* « *religieuse*, au service de la société et de la religion. »

On ne peut parler plus clairement : M. Dupanloup n'excepte de l'anathème lancé contre la presse que les *feuilles religieuses* : il veut bien ne pas nier la liberté de la presse, à condition que les journaux religieux en jouiront seuls. Et je ne me trompe pas : ce n'est point là une opinion personnelle, mais la doctrine même de l'Eglise, s'il faut en croire **M.** Veuillot, qui, le premier, a osé nous dire :

« Quand vous avez le pouvoir, nous réclamons de vous la
« liberté, comme une chose due. Quand le pouvoir est à nous,
« cette liberté, nous vous la refusons, parce que notre conscience
« nous défend de vous la donner. »

Nous savons maintenant à quoi nous en tenir sur la portée
de la condamnation. Tournons la page.

Ici nous entrons dans un ordre de considérations plus générales : on accusait le Pape de condamner la raison ; M. Dupanloup nous apprend qu'il en est le défenseur. « Souvenez-vous, nous dit-il, qu'en 1855 Pie IX proclamait l'accord de la foi et de la raison. » Pour ma part, je me méfie de ces alliances, et quand je vois deux ennemis irréconciliables s'embrasser, cela me remet en mémoire le vers de Britannicus :

J'embrasse mon rival, mais c'est pour l'étouffer.

A vrai dire, les quatre propositions de 1855 font une place
à la raison à côté de la foi : la Raison obtient un tabouret à la
cour de sa souveraine.

En d'autres termes, Pie IX accorde à la raison le droit de
vivre, à la condition de prêter hommage à la foi, comme le
vassal à son seigneur.

« Le raisonnement peut prouver avec certitude l'existence
de Dieu, la spiritualité de l'âme et le libre arbitre. »

C'est-à-dire : nous admettons le raisonnement quand ses
conclusions sont conformes aux nôtres.

« L'usage de la raison précède la foi. »

C'est-à-dire qu'il finit où la foi commence.

Avec de pareils articles, voilà un traité de paix fort concluant. — Eh bien non, cette part minime que vous daignez faire à la raison, si elle consent à vous servir, cette part ne lui suffit pas : raison et foi sont deux principes distincts, opposés par leur nature, qui peuvent coexister, mais non point se subordonner l'un à l'autre. La raison cherche la vérité par elle-même, la foi la reçoit d'en haut; l'une étudie, observe, compare, examine; l'autre s'incline sans examen devant une vérité toute trouvée. Ce sont deux procédés entre lesquels il faut choisir : peut-être vous conduiront-ils au même but, car la vérité est une, mais chacun l'atteindra par une voie différente; essayer de les confondre, c'est les annihiler.

Et ici se présente naturellement cette proposition que j'ai signalée plus haut : Qu'on doit s'occuper de philosophie sans tenir compte de la révélation surnaturelle.

C'est une conséquence forcée de la nature même des choses : en reconnaissant la révélation, d'où procède la foi, la philosophie, qui procède, elle, de la raison, se renierait elle-même ; ce serait plus qu'une abdication, ce serait un suicide.

Voilà ce que vous exigez de la raison, que vous prétendez défendre.

Et voyez, je vous prie, où cela nous mène : la raison exclue, plus d'incertitude possible sur la vérité, partant plus d'excuse pour ceux qui repoussent la révélation; la liberté de conscience n'est plus qu'un non-sens. Poussez jusqu'au bout vos déductions, vous arrivez fatalement à la célèbre maxime : « Hors de l'Eglise point de salut. » C'est le complément du système.

Tout cela se trouve dans l'Encyclique, et le Pape a été plus conséquent que ses interprètes.

M. Dupanloup, je le sais, trouve à ce propos des explications ingénieuses : il oublie seulement de discuter le texte, et par malheur le texte est formel.

Le Pape, selon lui, n'en veut pas à la liberté de conscience, il n'en veut qu'à l'*indifférentisme* ; mais le moyen vraiment de voir l'indifférentisme dans cette proposition :

« Il est libre à chaque homme d'embrasser et de professer la religion qu'il aura réputée vraie d'après la lumière de sa raison. » (prop. xv.)

Si c'est là de l'indifférentisme, comment définirez-vous la liberté de conscience?

Le Pape, dit-on, tolère bien la liberté des cultes, puisqu'il a ouvert aux Juifs les portes du Ghetto et donné aux Américains du marbre pour la statue de Washington.

A cela je réponds que le Pape peut faire des cadeaux sans compromettre des principes, et que sa conduite est plus tolérante que son Encyclique.

Ai-je tort? Essayez de concilier avec la liberté des cultes la proposition suivante : « C'est avec raison que, dans quelques pays catholiques, la loi a pourvu à ce que les étrangers qui s'y rendent y jouissent de l'exercice public de leurs cultes particuliers » (prop. 78).

Je ne rappelle que pour mémoire les propositions 16 et 17 (1), on ne saurait tout citer.

Si M. Dupanloup se montre en cette matière un peu trop avare d'arguments, nous devons le remercier du moins des considérations éloquentes qu'il prodigue ; l'orateur y gagne, à vrai dire, un peu plus que la cause, mais je n'affirmerais pas qu'il y ait de sa faute.

Il est certains écueils qu'aucune éloquence ne saurait franchir : la vérité historique, par exemple. On l'a dit, il y a long-temps, rien n'est brutal comme un fait ; tous les efforts de

---

(1) Prop. 16. « Les hommes peuvent trouver le chemin du salut éternel et obtenir le salut éternel dans le culte de n'importe quelle religion. »

Prop. 17. « Au moins doit-on bien espérer du salut éternel de tous ceux qui ne vivent pas dans le sein de la véritable Église. »

M. Dupanloup pour nous montrer que l'Église ne s'impose pas par la violence, n'ont pu tourner cette difficulté.

Quelle que soit la magie de son style, jamais écrivain ne fera qu'on oublie la croisade des Albigeois et le bûcher de Jean Huss, les guerres de religion et les dragonnades.

Les citations s'émoussent contre les faits, puis c'est une arme dangereuse, la citation ; une arme à deux tranchants. A saint Anathase disant : « Ce n'est pas avec le glaive qu'on prêche la vérité, » on a si vite opposé Grégoire VII écrivant à Guillaume de Normandie : «Vous ne devez point hésiter à *frap-* « *per*, pour la défense du dogme spirituel, *ceux* qui ne vivent « que dans la chair. »

Il est si simple de prendre en flagrant délit de contradiction saint Augustin lui-même. Le *grand converti*, qui répondait aux hérétiques : «Il ne m'est pas permis de sévir contre vous,» écrivait ailleurs ce fameux *Compelle intrare* qu'un archevêque de Paris publia, en plein xviie siècle, pour justifier les conversions sanglantes dues aux *missionnaires bottés* de Louis XIV.

Il faut en convenir, l'Église ne prêchait pas alors la mansuétude, pas plus qu'elle ne se prétendait libérale du temps qu'elle enseignait le droit divin des rois, ou qu'elle frappait d'excommunication les serfs constitués en *communes*. L'Église ne réclamait point alors la gloire d'avoir aboli l'esclavage : elle en tirait profit et punissait hardiment, hautement, quiconque essayait de s'y soustraire. Elle ne s'appelait point encore le progrès, mais le passé ; elle conservait simplement les vieilles traditions d'une civilisation détruite, proscrivant partout la liberté de penser qu'elle avait proclamée quand elle en avait eu besoin, condamnant à la fois Wiclef et Abailard, les hérétiques et les novateurs; elle introduisait dans la procédure canonique la torture, cette coutume barbare du paganisme, à qui

elle devait les martyres, et d'où allaient sortir les auto-da-fé.
Elle déliait parfois les serments d'autrui, et, ne vous en déplaise, ne tenait pas toujours les siens ; nous n'avons pas oublié Clément VII proscrivant, après la reddition de leur ville,
les Florentins auxquels il a juré l'amnistie. Enfin, sans trop
affirmer l'indissolubilité du sacrement, l'Église, qui refusait
le divorce aux petits, l'accordait volontiers aux puissants de la
terre.

Nous ne prétendons point, comme vous dites, imposer au
Pape nos formules, mais qu'il n'attende pas de nous d'accepter
toutes les siennes. Vous nous demandez de définir le progrès :
que répondriez-vous, si cette définition épineuse on la tirait
simplement des propositions condamnées dont vous ne parlez
pas.

J'ai montré qu'au fond, en écartant les mots, vous n'admettez ni la légitimité absolue de la raison, ni le droit de penser et de proclamer librement, même dans une certaine me-
sure, ce qu'on pense.

On prouverait encore, l'Encyclique à la main, que vous
voulez une religion d'Etat (prop. 74).

Que l'Église est pour vous nécessairement confondue avec
l'Etat (prop. 55);

Que vous refusez la liberté d'enseignement. Et je ne
déduis pas cette conséquence de la proposition 45, trop
large, trop exclusive, justifiant le monopole de cette liberté
au profit de vos adversaires. Nous réclamons, nous, la liberté
pour tous, mais vous n'en voulez que pour vous seuls. Lisez
la proposition 57, et voyez si elle ne fait pas du clergé l'unique professeur breveté de morale, de philosophie et de juris-
prudence.

En condamnant les propositions 20, 28, 31 et 74, vous jetez
un blâme sur une législation dont nous sommes fiers, vous portez

presqu'un défi au concordat, que vous avez juré, vous voulez nous ramener aux vieilles juridictions ecclésiastiques (1).

Lorsque enfin vous traitez de funeste erreur cette maxime : « la société domestique ou la famille emprunte toute sa raison d'être du droit purement civil, » n'ébranlez-vous pas notre société civile dans sa base ? Quand vous mêlez à tout le droit religieux, quand vous en faites la source de tous les droits, votre idéal ne s'appelle-t-il pas la *théocratie* ?

Voilà, je pense, assez de points, et de points essentiels, où nous sommes en désaccord. M. Dupanloup n'a même pas essayé de les concilier, et son silence est significatif. Que nous nous appelions progrès, à tort ou à raison, n'importe ; nous suivons le grand mouvement en avant de l'esprit moderne, et les tendances réactionnaires ne nous arrêteront point. L'idée est un soldat qui brave les obstacles et marche à la victoire sans tourner la tête.

Mgr l'évêque d'Orléans, dans sa partie apologétique, s'est montré, comme toujours, habile, éloquent, passionné ; son style entraîne, éblouit, émeut quelquefois ; mais, en définitive, qu'a-t-il prouvé ?

Son argumentation ressemble aux *fils de la vierge* qu'on voit onduler capricieusement au moindre souffle ; reflétant les mille couleurs du prisme solaire, ils nous charment par leur ténuité même : un moucheron passe et les brise.

---

(1) Prop. 20. « La puissance ecclésiastique ne doit pas exercer son autorité sans la permission et l'assentiment de l'autorité civile. »

Prop. 28. « Il n'est pas permis aux évêques de publier même les lettres apostoliques sans la permission du gouvernement. »

Prop. 31. « Le for ecclésiastique pour les procès temporels des clercs, soit au civil, soit au criminel, doit absolument être aboli sans consulter le siége apostolique, et sans tenir compte de ses réclamations. »

Prop. 74. « Les causes matrimoniales et les fiançailles, par leur nature propre, appartiennent à la juridiction civile.

III.

Mais à quoi bon demander à votre brochure des explications
que vous n'avez point voulu y mettre ? De semblables choses
ne nous regardent point, c'est affaire aux évêques à les com-
prendre et à les commenter ; notre curiosité indiscrète est bien
punie par votre silence. Votre but était tout autre, vous l'avouez
vous-même, et un vieux différend à régler avec le Piémont
vous a seul mis la plume à la main. Moi qui n'entre pas dans
le conseil des princes, je n'oserais pas parler politique : souvent
la véritable cause des événements échappe à l'historien qui a
tous les documents en main, à plus forte raison quand on n'en
peut posséder qu'une partie bien minime. Il résulterait de vos
révélations que le Piémont s'est conduit comme la plupart des
souverains et des politiques, voire même comme la cour de
Rome dont jadis on renommait l'habileté (pour imiter la mo-

dération de votre langage) : nos rois dans les guerres d'Italie s'en sont aperçus quelquefois. Je ne m'alarme pas comme vous d'entendre le Piémont parler *des forces morales* et *des progrès de la civilisation*, il ne pourrait en tout cas faire à l'Italie une situation pire que celle qu'elle avait. Quant à savoir si les populations de ce pays l'ont vraiment appelé à leur secours, alors même qu'aucun juge compétent ne contredirait vos dénégations, on pourrait invoquer l'histoire qui nous montrerait ce peuple inconstant changeant à chaque instant de maître. Pour ne parler que des Napolitains, vous savez aussi bien que moi qu'un peintre, voulant personnifier ce peuple, représenta un âne flairant plusieurs couronnes et ne sachant pour laquelle se décider. Avouez que dans le nombre une de plus importe peu. Vous parlez de Castelfidardo, de Garibaldi ; sans doute une révolution ne se fait pas aussi facilement qu'on écrit une brochure de quatre-vingts pages. Mais, quand Jules II entrait dans Bologne, quand la papauté s'emparait des biens de la maison d'Este, quand Clément VII remettait son cousin Laurent de Médicis sur le trône de Florence, ils n'avaient pas qu'à le désirer. Le canon tonnait, le sang coulait, et ces conquêtes coûtaient plus de sang que celle de Garibaldi, qui n'a eu que la peine d'acheter les intègres officiers de François II.

Que vous a donc fait ce pauvre Piémont contre lequel vous vous emportez si fort ? car vous le malmenez rudement, et si vous n'étiez pas chrétien, et de plus évêque, on pourrait trouver de la haine dans votre fait. Non pas que je sois plus son ami qu'un autre ; je ne suis pas l'ami de tout le monde, mais je le suis avant tout de mon pays : si je voulais prendre le rôle de réformateur, c'est là d'abord que je porterais ma lanterne.

Vous l'accusez d'enseigner la prépondérance de l'Etat sur l'Eglise. Chacun son tour ; assez longtemps vous avez soutenu le contraire ; et vos moyens pour forcer à y croire n'étaient pas des plus doux. Souvenez-vous entre autres que vers ce but tendirent tous les efforts des moines qui s'étaient emparés des chaires de nos universités. Vous savez qu'à cette époque il était facile d'être convaincu d'hérésie, puisque saint Thomas d'Aquin en fut accusé par l'évêque de Paris, et pour l'hérétique il y allait du feu. Vous vous trompiez alors, me direz-vous ; si vous qui êtes infaillible vous pouvez tomber dans de semblables erreurs, à plus forte raison sommes-nous excusables, nous pauvres mortels, qui ne brûlons pas nos dissidents.

Vous pardonnez encore moins la suppression de la plupart des couvents et la séquestration des biens de l'Eglise. Ah ! si je pouvais vous amener sur le terrain de l'économie politique, je vous dirais de bien belles choses. Mais vous prenez trop peu souci des biens de ce monde, et si vous les désirez, c'est pour les donner à Dieu qui vous en confie la gestion. C'est pourtant une belle science que l'économie politique, et bien utile surtout. Elle pourrait transformer en ville florissante la triste cité de Civita-Vecchia, qui voit chaque jour passer devant elle les richesses des deux mondes sans en profiter. Elle changerait en campagne fertile ces marais de l'antique *Latium*. De cette hôtellerie qu'on appelle Rome, elle ferait une grande et industrieuse ville. Elle transformerait ce peuple de mendiants en travailleurs courageux ; mais il est vrai que vous devez toujours avoir des pauvres parmi vous. Enfin elle n'exposerait pas les ministres à robes rouges à s'opposer à l'industrie pour des raisons arriérées de plusieurs siècles : on a refusé l'autorisation d'établir une scierie mécanique sous prétexte que les scieurs de long ne pourraient plus gagner leur vie. Aucuns prétendent que le véritable motif qui repousse l'industrie, c'est la crainte de voir arriver avec la richesse le désir de l'indépendance et de la liberté de penser. Quant à moi, je n'en crois rien, maintenant surtout que j'ai lu la glorification que vous faites de la raison, bien entendu quand elle ne s'écarte pas de la foi.

Si la science de l'économie politique est trop mondaine, trop occupée d'intérêts matériels, l'histoire est là, et sa voix a le droit d'être écoutée. L'expérience n'est plus à faire sur les couvents et leur utilité, le sol de l'Europe catholique en a été couvert durant de longs siècles. A ceux de l'Espagne vous devez les fureurs inquisitoriales dont vous vous plaignez vous-même et que les papes n'ont pas regrettées autant que vous voulez bien le dire. Si la France n'a pas été la proie de l'inquisition, c'est grâce à l'énergie de nos parlements, et assez souvent des légats ont tenté de l'y naturaliser. Si vous voulez vous édifier sur la moralité et l'utilité des couvents, parcourez leur histoire en Italie : souvenez-vous de Virginie de Leyva, du couvent de Bajano et de mille autres que vous trouverez à chaque page des annales de ce pays. Vous prétendez que cette doctrine du célibat est celle des apôtres : je cherche en vain, je ne la trouve pas dans l'Évangile, je lis au contraire dans la Bible, dont vous admettez encore l'autorité : *crescite et multiplicamini.*

Si l'Italie imite aujourd'hui la France de 1789, si elle supprime une grande partie des couvents, c'est que l'expérience lui a appris quels obstacles ils apportent à la moralité et à l'existence sociale d'une nation. Si elle sécularise les biens immenses du clergé, c'est qu'elle sait combien ils nuisent à la richesse et à l'industrie d'un pays. Ne criez pas à la spoliation, ce n'est qu'une revendication. Ne criez pas au droit du plus fort, vous-même en avez donné les premiers l'exemple. Souvenez-vous de quelle manière ces richesses exagérées sont venues en votre puissance. Je ne parle ici ni des confiscations, ni des spoliations violentes, mais seulement de ces donations forcées imposées aux mourants sous peine de se voir refuser les derniers sacrements et l'inhumation en terre sainte. Les conciles furent obligés d'intervenir pour réprimer cette avidité sans bornes, et fixèrent au quart de ses biens la donation qu'un fidèle devait laisser à l'Église. Un prêtre devait assister à ces testaments pour s'assurer que les droits de l'évêque n'étaient point lésés ; ce n'est point un ennemi, c'est Fleury qui le dit dans son *Histoire ecclésiastique*. Souvenez-vous de ce que disait Charlemagne dans ses Capitulaires, bien avant que la terreur de l'an 1000 eût rendu le clergé possesseur de la majeure partie du sol :

« Je demanderai, disait-il aux évêques dans le capitulaire de l'année 811, ce que signifient ces paroles de l'apôtre : « Nul de ceux qui se destinent au service de Dieu ne doit se mêler des affaires du siècle. » Je veux qu'ils m'expliquent ce qu'ils entendent lorsqu'ils disent qu'ils ont quitté le monde, et si l'on ne doit les distinguer des séculiers que parce qu'ils ne sont ni armés ni mariés. Ceux-là ont-ils renoncé au monde, qui tous les jours, par toutes sortes de moyens et d'artifices, tendent à augmenter leurs possessions ; qui, tantôt en menaçant de l'enfer, tantôt en promettant le ciel, cherchent à persuader aux pauvres comme aux riches, aux hommes simples dénués de science et de prévoyance, de déshériter leur famille, exhérédation qui expose leurs proches à devenir coupables de tous les crimes que la pauvreté fait commettre. »

D'après le droit naturel, de semblables donations ne sont-elles point annulables pour cause de captation ?

Vous parlez d'évêques exilés et persécutés. Vous passez sous silence les évêques factieux et conspirateurs, plutôt tribuns que ministres du ciel, et qui ont oublié la parole du Christ : Rendez à César ce qui est à César, c'est-à-dire obéissez aux lois de votre pays et n'ayez pas des intérêts étrangers aux siens. Vous qui connaissez si bien tout ce qui se passe en

Italie, vous savez le silence et la solitude qui ont accueilli le prince Humbert venant visiter l'église de Saint-Janvier. Rien de si naturel : à Dieu seul on doit rendre hommage dans un temple. Mais pourquoi vous départir cette fois de vos habitudes, et vous abstenir de ces témoignages empressés dont vous accablez en semblable circonstance les puissances de la terre ?

J'ai pris en pitié ces pauvres évêques condamnés à demander l'aumône ou à mourir de faim. Heureusement j'ai été rassuré sur leur sort. Quelqu'un de bien informé m'a parlé d'une caisse ecclésiastique, qui leur sert encore un très-beau revenu pour des gens qui ont fait vœu de pauvreté. Ainsi il n'y a point lieu de s'inquiéter. Ils ne pourront plus faire autant d'aumônes : tant mieux, il y aura autour d'eux des travailleurs et non des mendiants !

Quant à ces religieuses si brutalement jetées à la rue, on vous a trompé également : toutes ont une rente. Ce n'est pas du luxe sans doute, mais c'est l'existence assurée.

Je gémis comme vous bien fort de voir tant de siéges privés d'évêques, de troupeaux privés de pasteurs. Mais quoi ! nous l'avons vu maintes fois dans l'histoire. Je ne parle pas du temps où c'était un calcul de certains papes pour recueillir les bénéfices de la vacance : vous les condamnez comme moi. Mais je me souviens que certains autres laissaient des diocèses sans évêques pour d'oiseuses questions d'école. Je me souviens des troubles occasionnés en France par la fatale obstination d'Innocent XI, et des vingt-neuf évêchés vacants pour de misérables droits de régale.

Ah ! si j'avais votre plume bien disante ! si j'étais doué de cette éloquence entraînante qui ne permet pas au lecteur de peser les arguments dont on se sert pour l'éblouir, je tâcherais de rivaliser avec vous. Vous me parlez du royaume de

Naples depuis son annexion, je vous le peindrais avant la conquête de Garibaldi. Alors aussi les prisons étaient pleines, bien plus que maintenant, seulement c'était de l'élite de la nation, de tous les gens qui savaient lire et penser. Vous citez des chiffres qui ont pu avoir la vérité d'un jour, les miens compteraient des années.

Vous parlez des brigands fugitifs, poursuivis, fusillés. Je vous montrerai quelque chose de plus triste : les brigands paisibles à Naples, de connivence avec le gouvernement, et appelés à massacrer les citoyens honnêtes. Si tous ces faits vous eussent été connus, à vous dont la voix condamne si impitoyablement les désordres inséparables des grands bouleversements, quelle n'eût pas été votre indignation pour tant de froides et honteuses iniquités sans compensation aucune ?

Si je parle ainsi, ce n'est pas que j'aie plus sujet que vous de m'intéresser au Piémont : sans le Pape, le sort de l'Italie ne vous toucherait pas plus que celui du Danemark, c'est vous même qui le dites.

Ne croyez pas que je fasse bon marché du droit : il m'est chose sacrée, plus qu'à vous peut-être qui longtemps avez déposé des princes pour des causes futiles. Vous avouez que si un peuple catholique conquiérait aujourd'hui la Chine, vous vous en réjouiriez dans l'intérêt de sa civilisation. Voilà pourquoi beaucoup d'esprits éclairés se réjouissent dans l'espoir de voir passer Rome des mains du Pape à une domination plus éclairée. Vous qui avez reconnu aux peuples le droit de se soustraire à l'obéissance d'un prince hérétique, le leur dénierez-vous quand il s'agit d'un mauvais gouvernement ?

Voilà le point qui vous touche plus que la justification de l'Encyclique, plus que les évolutions politiques du Piémont ; c'est Rome, c'est le Pape. Et quand vous demandez avec tant de véhémence à la France ce qu'elle va faire, on pourrait presque vous répondre par le vieux dicton : Vous vous emportez, donc vous avez tort.

Vous rappelez à la France ses nombreuses promesses ; mais vous oubliez celles non moins nombreuses du Vatican, dont pas une n'a été tenue. Or tout contrat est annulé par l'inexécution des clauses de la part de l'une des parties.

Vous parlez de la reconnaissance de Rome. Demandez à notre armée d'occupation ce qu'elle pense de l'attitude hostile de la population, des chicanes chaque jour renaissantes de l'administration pontificale. Si la reconnaissance se montre ainsi, comment fera donc la haine ?

Vous dites qu'on doit toujours tenir ses serments, que rien ne peut nous en dégager. Ah ! que c'est bien dit cela ! et combien l'on voit peu de gens tenir ce langage ; sous prétexte que les circonstances politiques ont changé, ils prétendent être obligés de faire de même. Ainsi ont fait bien souvent les papes avec nos rois à l'époque des guerres d'Italie. Ainsi a fait Pie IX, qui, après avoir béni du haut du Quirinal les drapeaux des corps francs partant pour la guerre de l'indépendance, s'est tout à coup réconcilié avec l'Autriche et a démenti ses premiers actes. Si le Pape qui est infaillible cède ainsi aux circonstances politiques, les autres souverains peuvent l'imiter sans crainte de tomber dans l'erreur.

Si le plus humble de vos lecteurs pouvait vous soumettre quelques objections, il vous dirait : Savez-vous à quel titre Charlemagne, dont vous invoquez le nom, établit le pape à Rome ? comme Witikind en Saxe, à titre de vassal. Quand après la mort d'Adrien Ier, Léon III, nommé pape, envoyait au roi frank les clefs de saint Pierre et l'étendard de Rome, c'était en signe de soumission : « Je vois avec plaisir, répondait Charlemagne, que vous me rendez l'obéissance qui m'est due. » Quel pape imiterait Etienne II se jetant aux pieds de

Pépin pour implorer son secours ? Aujourd'hui, non-seulement le pape n'implore plus, il ne remercie même pas.

Voyez pourtant comme tout dépend de la manière d'interpréter les choses ! Charlemagne n'est pas le seul personnage historique sur lequel nous nous trouvions en différend. Beaucoup d'esprits sérieux voient dans François Ier le débauché et le persécuteur, plutôt que le roi chevaleresque. Ce sont les mêmes qui ne s'arrêtent pas au nom de « grand » donné par l'Église à Constantin, et ne voient en lui que le barbare mais politique empereur.

Mgr d'Orléans condamne, il est vrai, Charles IX. En cela l'avocat du pape est plus libéral que la papauté. Que penserait de Mgr d'Orléans Grégoire XIII, qui fit chanter en l'honneur de la Saint-Barthélemy un *Te Deum* solennel et frappa une médaille commémorative avec cette exergue : *Hugonotorum strages !*

Mais pourquoi nous jeter comme une menace le souvenir du 24 février 1848 ? Les âmes pieuses n'y verront aucun danger, elles savent que l'Église, qui a béni les arbres de liberté, n'est point sujette à l'erreur.

Vous prétendez n'être inféodés à aucun gouvernement; c'est apparemment depuis que la monarchie de droit divin a perdu sa cause devant l'opinion publique. S'il en est ainsi, vous devez désirer la séparation de l'Église et de l'État, du spirituel et du temporel, afin de ne pas ressembler à ces fonctionnaires qui s'en vont chaque jour prêter un nouveau serment aux maîtres les plus divers et les plus opposés d'opinion.

Oh ! la question du temporel, pour laquelle vous vous passionnez si fort aujourd'hui, c'est le boulet attaché à vos pieds, qui vous ramène sans cesse sur la terre, quand vous devriez marcher les yeux fixés vers le ciel. C'est elle qui remplit votre brochure, qui en déborde, malgré tous vos efforts pour la dissimuler, et vous fait comparer, par les admirateurs les plus sincères de votre talent, à un de nos plus célèbres avocats, qui ne déploie jamais plus d'éloquence que dans ses mauvaises causes.

Au nom de quelle indépendance réclamez-vous ce pouvoir temporel? Est-ce au nom de l'indépendance qui se soutient par la force armée? Mais quand les papes en ont-ils joui?

Étaient-ils indépendants, refoulés sans cesse par les invasions barbares? pressés par les empereurs germaniques? chassés par les barons de la campagne romaine? opprimés par les armées du catholique Charles-Quint?

Ne la réclamez pas, cette indépendance matérielle, ce serait déchirer les plus belles pages de votre histoire; ce serait douter du progrès de la justice et de la liberté, dont le sort a toujours été de se voir proscrites et persécutées. S'il est des jours qu'il faille regretter, ce ne sont pas ceux où les pontifes gardaient intact au fond de l'exil le précieux dépôt de la foi..... Est-ce pour la cause d'un pape proscrit qu'ont eu lieu les guerres de religion? Est-ce du sein d'une religion abaissée ou avilie qu'une partie du monde moderne est sortie un jour, en menaçant d'entraîner avec elle le reste des croyants?

Non, Monseigneur, notre époque ne sera pas déshonorée pour avoir vu tomber le pouvoir temporel de la papauté; c'est un progrès qu'elle appelle de tous ses vœux, et dont l'avenir lui saura gré. C'est une révolution semblable à celle qui eut lieu chez les Juifs quand la monarchie remplaça la théocratie. Rappelez-vous quelle condescendance le Seigneur eut alors pour son peuple. Il ne fit pas retentir cette foudre qui l'avait terrifié au pied du mont Sinaï. *Ce n'est pas toi qu'ils repoussent*, dit-il à Samuel, *mais ils ne veulent plus que je règne sur eux.* Et il ordonna au prophète de leur donner un roi. Mériterions-nous d'être plus durement traités que les Juifs, et seriez-vous plus inflexibles que Jéhova ?

Depuis cette chute de la théocratie je n'ai pas vu diminuer l'indépendance et la force morale des esprits nobles et courageux. Ne nous accuseriez-vous pas de blasphème si nous laissions soupçonner les craintes que vous affichez hautement sur l'indépendance du pontife privé de sa garde suisse ? Le prophète Nathan alla seul reprocher au roi David son homicide et son adultère. Saint Ambroise n'était pas entouré de prétoriens quand il osa refuser l'entrée du temple au barbare Théodose. Quand les premiers chrétiens allaient chercher des conseils auprès de saint Jean exilé à Pathmos, le saint vieillard ne leur disait point : Allez troubler le monde et agiter les consciences jusqu'à ce qu'on rende au représentant de Dieu les honneurs qui lui sont dus ; mais, étendant sur eux ses mains tremblantes, il les bénissait en disant : Aimez-vous les uns les autres, voilà toute la loi du divin Maître.

Imprimé par Charles Noblet, rue Soufflot, 18.